AF610739

JEANNE D'ARC

EN CHAMPAGNE

JEANNE D'ARC

EN CHAMPAGNE

NOTE INÉDITE

D'UN CONTEMPORAIN DE LA PUCELLE

SUR LA CAMPAGNE DU SACRE (1429)

AVEC QUELQUES ÉCLAIRCISSEMENTS SUR CETTE NOTE

Par M. le Chanoine LUCOT

ARCHIPRÊTRE DE CHALONS

Membre de la Société d'Agriculture, Commerce, Sciences et Arts
du département de la Marne,
Correspondant de la Société des Antiquaires de France.

CHALONS-SUR-MARNE

IMPRIMERIE F. THOUILLE, RUE D'ORFEUIL, 3.

—

1880.

JEANNE D'ARC EN CHAMPAGNE

NOTE INÉDITE

D'UN CONTEMPORAIN DE LA PUCELLE

SUR LA CAMPAGNE DU SACRE (1429)

AVEC QUELQUES ÉCLAIRCISSEMENTS SUR CETTE NOTE

La Bibliothèque nationale possède dans son fonds latin un *Ordo* de l'église Cathédrale de Châlons : c'est un des cinq exemplaires que je connaisse de cet ouvrage liturgique. Comme le titre l'indique, l'ouvrage contient l'ordre à suivre, l'indication sommaire des rites à observer par les chanoines dans la célébration de l'office divin de chaque jour. C'est là un des sens donnés par Du Cange au mot *Ordo*, qui signifie ici « canon, règle, » *Canon*, *Regula;* c'est même le seul que l'Académie, dans son Dictionnaire, ait attaché à ce mot. Les cérémonies à accomplir, les prières à réciter dans l'administration des sacrements et des sacramentaux sont comprises dans le *Rituel*. J'ai dû entrer dans ces détails pour justifier la rectification que je propose au savant administrateur de la Bibliothèque Nationale, M. Léopold Delisle. Les catalogues du fonds latin de cette bibliothèque appellent en effet notre livre : *Rituale ecclesiæ Catalaunensis ;* c'est *Ordo* qu'il faudrait dire.

Le livre est inscrit sous le n° 10579 ; il été écrit vers le milieu du treizième siècle : les caractères de l'écriture, l'omission, dans le corps du texte, d'offices ecclésiastiques introduits dans la liturgie postérieurement à cette date, lui assignent certainement cet âge. Il est contemporain de l'exemplaire possédé de temps immémorial par le Chapitre de la Cathédrale de Châlons.

Une note, placée au verso du dixième feuillet de garde de la fin, folio 202 du livre, et écrite en caractères du quinzième siècle, nous en indique la provenance :

« L'an mil IIIJ[ct] XXVI, le XXIIIJ[e] jour de *janvier*, Reve-
» rend pere en Dieu Jehan de Sarrebruche, evesque et
» comte de Chaalons, per de France, donna a l'esglise de
» Chaalons, pour lui et ses successeurs evesques de Chaa-
» lons, ce *breviier*, lequel vint de l'execucion (héritage) de
» feu reverend pere en Dieu messire Estienne de Givry,
» en son vivant evesque de Troyes, qui trespassa ou dit
» an. (1). »

Ce volume, dont l'origine est si nettement fixée, fut

(1) Etienne de Givry, ainsi appelé de son pays natal, Givry-sur-Aisne (Ardennes), au diocèse de Reims, est mort le 26 *avril* 1426, d'après des Guerrois (*La Sainctcté Chrestienne*), et le *Gallia Christiana*, qui emprunte cette date à l'épitaphe même de son tombeau (T. XII : *Episcopi Trecenses*).

Dans la note qui précède, la date *janvier* n'en reste pas moins exacte : comme en France l'année commençait encore à la fête de Pâques, 1426 est mis dans la note précitée pour 1427. Ce fut Charles IX qui fixa le commencement de l'année au premier jour de janvier.

Breviier, ou bréviaire, est ici synonyme d'*ordo*. Aujourd'hui encore, on appelle indifféremment *bref* ou *ordo* le livret à l'usage des ecclésiastiques, où se trouve indiquée la manière dont ils doivent faire ou réciter l'office de chaque jour. V. Du Cange, verbo : *Breviarium*.

aussi à l'usage des chanoines de la Cathédrale de Châlons, et je crois sans peine que les additions connues sous le nom d'*Adversaria* dont j'ai à parler, sont l'œuvre de quelques-uns de mes vénérables prédécesseurs.

Ces notes ajoutées en écriture cursive, à diverses époques, du quatorzième siècle au dix-septième, rédigées tantôt en latin, tantôt en français du temps, et placées aux gardes du livre, au commencement et à la fin sur les feuillets de vélin restés blancs, ont trait, la plupart, à des faits de notre histoire locale. Plusieurs cependant regardent l'histoire générale, comme je vais en fournir bientôt la preuve ; et un intérêt véritable s'attache à plusieurs de ces notes.

J'ai remarqué, en particulier, la note en écriture cursive, de la fin du quatorzième siècle, inscrite sur le premier feuillet de garde. Le départ de saint Louis pour la seconde croisade (1er juillet 1270) y est sommairement raconté. L'auteur signale la vacance du Siége Apostolique et celle du Siége épiscopal de Châlons ; il nomme les principaux personnages qui accompagnaient saint Louis dans cette expédition ; il ne mentionne pas la mort du pieux roi, qui sans doute n'était pas encore arrivée quand la note fut écrite la première fois. Au récit, on sent le contemporain, et le châlonnais, au genre de détails qu'il a soin d'enregistrer : un étranger eût-il jamais songé à noter que l'église de Châlons était veuve alors de son premier pasteur ?

Voici cette note avec la traduction en regard :

Anno Domini M° CC° LXX° transfretavit rex Ludovicus cum duobus filiis suis, et cum rege Navarre et uxore	« L'an mil deux cent » soixante-dix, le roi Louis » s'embarqua avec ses deux » fils, avec le roi de Navarre

filia Ludovici regis, et cum comite Flandrensi, cum regibus et principibus et archiepiscopis, episcopis cum exercitibus eorum; regnante in Cicilia fratre suo Karolo. Et tempore illo vacabat Sedes Apostolica et ecclesie Catalaunensis.

» accompagné de son épouse » qui était la fille du roi » Louis, avec le comte de » Flandre, avec des rois, » des princes, des arche- » véques et évêques suivis » de leurs troupes (1). Le » roi Charles (d'Anjou), frère » du roi, régnait alors en » Sicile; et à cette époque, » le Siége Apostolique était » vacant, ainsi que le siége » épiscopal de Châlons (2). »

Une autre note, écrite au verso du troisième feuillet de garde de la fin, et sur laquelle j'appelle plus spécialement votre attention, regarde la Pucelle d'Orléans, et la campagne dite du Sacre (1429).

Tout ce qui a trait à cette noble figure, trop longtemps mise en oubli, a le don aujourd'hui d'attirer les esprits et d'émouvoir les cœurs. Il y a plus de quinze ans, le savant auteur de l'*Histoire de Charles VII*, M. Vallet de Viriville, en faisait déjà la remarque. « La carrière de Jeanne d'Arc, » écrivait-il au second volume de cet ouvrage, est la mer- » veille de notre histoire et de toutes les histoires.... Ce

(1) Philippe, l'aîné des fils de saint Louis, et son successeur; Thibaut, roi de Navarre, comte de Champagne et palatin de Brie, gendre du roi; Alphonse, frère du roi, comte de Poitiers et de Toulouse, etc., etc., accompagnaient saint Louis; l'armée comptait soixante mille hommes, la flotte mil huit cents vaisseaux.

(2) Le Saint-Siége vaqua depuis 1268 (mort de Clément IV) jusqu'en 1271 (élection de Grégoire X).

La mort de Conon de Vitry, évêque de Châlons, arrivée en 1269, fit vaquer le siége de Châlons, de cette année jusqu'en 1272.

» souvenir a pris dans les préoccupations une place défi» nitive et essentielle... Les générations se succèdent, et » la figure de Jeanne d'Arc monte, monte sans cesse au » zénith des esprits, plus belle chaque jour, à mesure que » la science dépouille un à un tous les voiles (1) » qui l'obscurcissaient.

Depuis que M. Vallet de Viriville écrivait ces lignes, l'astre de Jeanne n'a point baissé. J'ose donc l'espérer, Messieurs, la communication d'une note inédite concernant cette fille héroïque vous offrira quelque intérêt.

La Note a d'ailleurs un caractère d'intimité qui vous la recommande. Elle vise notre région, et relate les événements qui s'y accomplirent alors ; elle souligne leur côté extraordinaire et divin. C'est un auteur du temps qui écrit : la note est bien en caractères du quinzième siècle, et de la première partie de ce siècle si agité. Ce sera toujours une bonne fortune d'entendre un contemporain de Jeanne : les mémoires de ce temps sont si rares ! On y guerroyait beaucoup plus qu'on y écrivait.

Sous quel aspect apparut la Pucelle à nos pères, l'auteur de la Note va bientôt nous l'apprendre.

Je l'ai fait suivre des deux remarques qui viennent immédiatement après le récit de la campagne du Sacre, et qui sont écrites de la même main : j'ai voulu faire mieux connaître le genre de notes, la plupart étrangères au sujet du livre, qui forment l'accessoire de ce beau volume liturgique.

(1) *Histoire de Charles VII*, t. II, p. 54, Paris, 1863.

NOTE INÉDITE SUR LA PUCELLE.

(TEXTE.)

Vidi scriptum in quodam libro magistri Nicholai de Savigny, quondam in parlamento Parisiensi advocati, manu ejusdem magistri in hec verba :

Anno Domini mill(esim)o iiij^c vij^o (Vigilia S. Clementis (1)), quo dux Aurelianen(sis), frater regis Francie, fuit hic Parisius occisus, quo pontes Parisien(ses) dirrupti sunt ; dies veneris sancta evenit die Annuntiationis b(eat)e Marie ; et fertur quod quociescumque ita contingit, illo anno stupenda eveniunt et admiratione digna.

Scilicet ita contingit anno D(omi)ni mill(esim)o iiij^c

(TRADUCTION.)

J'ai lu, dit mon vieil auteur, dans un livre de maître Nicolas de Savigny, ancien avocat au Parlement de Paris, une remarque écrite de sa main comme il suit :

« L'an 1407, la veille de » S. Clément (22 novembre), » où fut assassiné ici, à » Paris, le duc d'Orléans » (Louis), frère du roi de » France (Charles VI), et où » les ponts de Paris furent » rompus, cette année-là, » le vendredi-saint tombait » le jour de l'Annonciation » de la Sainte-Vierge (25 » mars) ; et d'après ce que » l'on dit, lorsqu'a lieu cette » conjonction, l'année même » il arrive des choses ex- » traordinaires. »

C'est, en effet, remarque à son tour notre auteur,

(1) Ces trois mots sont hors texte, à la marge, avec un renvoi au texte.

Cette date du 22 novembre est fautive : le meurtre du duc d'Orléans eut lieu, non la veille de saint Clément, mais le jour même de la fête, 23 novembre.

xxix°, et in brevi post pasca Puella suscepit arma, et vexillum tulit contra Anglicos, eos expulit a obsessione civitatis Aurelianen(sis), a villis de Jargelio, de Meduno, de Beaugency, et in brevi eos debellavit in Belsia; et estate sequenti, Karolus rex Francie, cum suo exercitu dicta Puella associatus, transivit Sequanam. In civitatibus Trecen(si), Cathalaunen(si), Remen(si), Suessionen(si), Silvanecten(si) et Belvac(ensi), que antea Anglicis adherebant, receptus (est), et Remis per dominum Reginaldum de Carnoto, archiepisc(opum) Remens(em), d(omin)um Johannem de Sarraponte, gallice de Sarrebruche, episcopum et comitem Cathalaun(ensem), parem Francie, assistentibus d(omin)o Joh(ann)e(2) de Tournebu, episcopo Sagiensi, et quodam d(omin)o Scoto, episcopo Aurelianensi, con-

c'est ce qui eut lieu en l'année 1429. (Cette année, le vendredi-saint arrivait également le 25 mars.)

Peu de jours après Pâques (1), la Pucelle prit les armes, et leva son étendard contre les Anglais. Elle leur fit abandonner le siége d'Orléans, les chassa des villes de Jargeau, de Meung(-sur-Loire), de Beaugency, et bientôt après elle les défit dans la Beauce.

L'été suivant, Charles, roi de France, réuni à la Pucelle, passa la Seine avec son armée. Les villes de Troyes, de Châlons, de Reims, de Soissons, de Senlis et de Beauvais, qui jusque-là tenaient pour les Anglais, lui ouvrirent leurs portes. Il fut sacré à Reims, le 17 juillet de la même année (1429), par Monseigneur Regnauld de Chartres, archevêque de Reims, et par Monseigneur Jean de Sarraponte, en français de Sar-

(1) Fin avril 1429.

(2) L'auteur, qui ne s'est pas relu, a mis domin*um* Johann*em*, à l'accusatif, par distraction.

secratus, xvij julii, anno prœdicto.

rebruche, évêque et comte de Châlons, et pair de France, en présence de Monseigneur Jean de Tournebu, évêque de Séez, et d'un certain Monseigneur écossais évêque d'Orléans.

Le delphin premier fils du roy Charles fut nez l'an 1428, le 3e jour de juillet.

Item, dicto anno, mense marcii et aprilis, dictus J(o)h(ann)es de Sarraponte fecit fieri muros domus sue circa jardinum suum et muros civitatis, et plura edificia in dicta domo fecit et reparavit.

La même année (1428 ou 1429), aux mois de mars et d'avril, le susdit évêque Jean de Sarrebruche fit faire les murs de sa maison autour de son jardin, et du côté des murailles de la ville, et construisit et répara plusieurs appartements dans cette même maison.

Maintenant je vais vous proposer, Messieurs, quelques éclaircissements sur cette note concernant la Pucelle. Un premier semble réclamé par l'observation qui ouvre la note.

Au moyen âge, on attachait une grande importance à la rencontre de ces deux solennités : l'Annonciation de la Sainte-Vierge et le vendredi-saint, appelé alors le grand vendredi. Le même jour, en effet, l'Eglise avait à célébrer, dans ces deux grands souvenirs, le commencement de l'œuvre de la Rédemption dans le sein virginal de Marie, et la consommation de cette œuvre de salut pour le monde sur la croix du Calvaire.

C'est sous l'empire de cette religieuse pensée que les Papes, à une époque très-reculée, immémoriale même, accordèrent à l'église de Notre-Dame du Puy en Velay un grand jubilé, chaque fois que le vendredi-saint tomberait le 25 mars, jour de l'Annonciation, qui est la fête patronale de la cathédrale et du diocèse du Puy.

L'institution subsiste toujours : en 1864, où la coïncidence se produisait, le jubilé fut solennellement célébré par toutes les populations du Velay et de l'Auvergne. Les Papes voulaient qu'une grâce extraordinaire correspondît à cette coïncidence.

Dans l'esprit de l'auteur de notre note, comme dans l'opinion du peuple d'alors, quelque chose d'extraordinaire dut aussi s'accomplir en 1429, où avait lieu cette même rencontre de l'Annonciation et du vendredi-saint. L'événement justifia l'attente commune : la merveille fut la délivrance d'Orléans et le Sacre du Roi, double merveille, dont la Pucelle fut, par la volonté divine, l'unique artisan.

Parmi les villes qui se soumirent au roi dans cette campagne du Sacre, l'auteur de la Note nomme Châlons. La ville appartenait donc aux Anglais. Il n'y a pas lieu d'en douter. Je suis bien obligé de le reconnaître, à l'encontre de ceux qui prétendent que l'ennemi n'a jamais pénétré dans ses murs avant la Révolution : le contraire est vrai, au moins pour cette époque de notre histoire. Le roi d'Angleterre avait fini par soumettre Châlons et les environs : la ruse du duc de Bourgogne flottant entre le roi de France et celui d'Angleterre pour se faire courtiser de tous les deux à la fois, prépara cette reddition ; la faiblesse et l'indécision de Charles VII firent le reste. Plusieurs pièces conservées dans nos archives municipales attestent l'occupation anglaise à Châlons, à cette époque de notre histoire.

Ainsi, en 1426, le 2 octobre, par ordre du roi d'Angleterre, ou, pour parler plus exactement, par ordre de son conseil, — Henri VI, né en 1421, n'étant alors qu'un enfant de cinq ans, — il est enjoint au gouverneur de Châlons de faire abattre et démolir le château de Sarry, domaine épiscopal, situé à une lieue de la ville, au midi, « pour éviter à » la ruyne du païs », est-il dit avec une certaine effronterie dans la commission royale : on craignait tout simplement que les Armagnacs ne vinssent à occuper ce château pour de là inquiéter la ville devenue bourguignonne ou anglaise. La commission est vidimée à Châlons par un clerc tabellion de la loge, le 22 octobre 1426 (1).

Même année, le 14 décembre, de par le même roi Henri d'Angleterre, les seigneurs et ecclésiastiques sont contraints de contribuer aux réparations des fortifications de la ville de Châlons. L'Evêque dut être des premiers à s'exécuter. Il avait alors son palais en face le portail occidental de l'église cathédrale ; aujourd'hui l'institution Saint-Etienne occupe, en partie du moins, l'emplacement de ce vieil évêché, qui a donné son nom à la place située devant ce portail. En 1429, nous voyons l'évêque Jean de Sarrebruck faire des murs pour clore à nouveau son domaine. Il avait dû céder, pour la création d'un chemin de ronde, une

(1) « Inventaire des tiltres, enseignemens, papiers et droicts » apartenans à la Communauté des bourgeois et habitans de ceste » ville de Chaalons, faict suivant la conclusion de Messieurs les » gens du Conseil de la dicte ville, du 25e jour du mois de juillet » mil six cens ung (1601). » — *Archives de la ville de Châlons.*

— « Inventaire fait en exécution de l'art. 31 de l'édit du mois » d'août 1764, et de la conclusion du Conseil de ladite ville, du » 18 avril 1765. » — *Ibidem.*

portion de son jardin, lequel, paraît-il, allait jusqu'aux murs de la ville du côté du midi (1). Le 8 novembre 1430, il reçoit 43 livres, 8 sols, deux deniers, en compensation de la cession de terrain qu'il a dû faire (2).

Les registres des conclusions du Corps de Ville de cette époque, s'ils existaient, nous donneraient bien d'autres détails sur ces temps si troublés ; ils nous raconteraient tout ce qui s'est passé à Châlons dans cette période de la

(1) *Voir* à la Bibliothèque de Châlons les plans de la ville en 1711 et 1755.

Le jardin de l'Evêque s'étendait au-delà des murs de la ville ; c'est notre promenade du Jard, qu'on appelait autrefois *hortus episcopalis*. Mgr Louis-Antoine de Noailles (1680-1695), par l'échange d'un fonds que la ville lui accorda, consentit à ce que ce lieu devînt public. C'est M. Garnier, curé de Fèrebrianges, contemporain de Mgr. L.-A. de Noailles, qui nous l'apprend dans son *Recueil des principaux faits des Evêques de Châlons* (Episcopat de Mgr L.-A. de Noailles).

C'est de lui encore que nous savons que l'évêché, au temps de Mgr Vialart de Herse (1640-1680), occupait encore la place même de l'évêché de Jean de Sarrebruck.

« La maison épiscopale, dit M. Garnier, était en très-mauvais » état, et menaçait ruine ; il en coûta beaucoup à Mgr Vialart » pour la retenir partout et la bien rétablir, y adjoutant quelques » nouveaux bastiments qui y estoient nécessaires, avec plusieurs » belles commodités, jusques-là mesme qu'il fit la dépense de faire » ouvrir les murailles de la ville sur les remparts, en deux endroits, » pour y placer des bareaux de fer, afin d'avoir ceste vue char- » mante du bord de la rivière de Marne et des prairies qui l'envi- » ronnent, de ses fenestres, avec un beau balcon de toute la longueur » du bastiment pour s'y promener et prendre l'air. » (Episcopat de Mgr Félix Vialart).

M. Garnier écrivit son recueil en 1736. Il avait reçu la cléricature de Mgr Vialart, dont il parle avec une grande vénération : « Je luy dois tout ce que je suis, écrit-il, si néanmoins je suis » quelque chose, puisqu'il a pris un soin particulier de moy dès » ma cléricature. » P. 6.

(2) *Inventaire* de 1601 (Archives de la Ville de Châlons).

En marge, on lit à l'endroit où se trouvent indiquées les lettres de l'Evêque, acceptant cette compensation : « Lesdites lettres dé- » faillent. »

domination anglaise. Malheureusement, le registre qui comprend les années de 1421 à 1431, est aujourd'hui égaré. Il l'était déjà en 1765. Dans l'inventaire fait alors en exécution de l'édit royal du mois d'août 1764, ce registre est marqué en déficit. Une main personnellement intéressée à ne pas laisser se perpétuer des souvenirs gênants aura dû faire disparaître ce recueil à une époque déjà ancienne. Orléans a une pareille lacune, vraisemblablement intentionnelle aussi, à regretter dans le journal du siège.

L'absence de notre registre des conclusions n'est pas moins regrettable au point de vue particulier de l'entrée du roi et de la Pucelle à Châlons, qu'au point de vue de l'occupation anglaise. Il nous eût certainement raconté, dans les moindres circonstances, ce fait d'histoire plein d'intérêt.

Suppléons-y par la citation d'un contemporain, citation trop sommaire malheureusement, mais que notre historien Dom François, bénédictin de l'abbaye de Saint-Pierre-aux-Monts de Châlons, va bientôt commenter devant nous avec son exactitude ordinaire et sa science incontestable des sources de notre histoire locale (1).

» Le roy partit de la cité de Troyes, dit l'auteur anonyme
» d'un mémoire publié par MM. Michaud et Poujoulat (2),
» et tira droit à Châlons en Champagne avec tout son ost,

(1) D. François, né en 1722, mort en 1791, était religieux bénédictin de la Congrégation de Saint-Vanne, et habitait notre abbaye de Saint-Pierre-aux-Monts. Il composa une *Histoire du diocèse de Châlons*, sur les instances de l'ancienne Académie de cette ville, dont il était membre. Son travail est resté manuscrit; il est à la Bibliothèque de la ville de Châlons. Une courte notice sur D. François ouvre le manuscrit; elle est l'œuvre de M. J. Garinet.

(2) Collection des mémoires relatifs à l'histoire de France : *Mémoires concernant la Pucelle*, t. III, p. 104. Paris, Didier, 1854.

» *la Pucelle allant toujours devant*, armée de toutes pièces, » — vous remarquerez, Messieurs, ce trait caractéristique » de Jeanne, — et chevaucha tant qu'il vint devant la dite » ville de Châlons. Quand ceux de la ville sceurent sa venüe, » l'évesque avec grand nombre de peuple de ceste cité » vinrent au-devant du Roy, et luy firent pleine obéïssance. » Il logea la nuit avec son ost en la dite ville, en laquelle » il establit capitaine et autres officiers de par luy. » Ce dernier détail n'est pas absolument exact, comme nous le constaterons bientôt.

Ce que l'auteur anonyme ne nous a pas dit, nous allons l'apprendre de Dom François. Le bénédictin de Saint-Pierre-aux-Monts vient de signaler la prise de possession de Troyes par Charles VII, si puissamment aidé en cette affaire par l'évêque de Troyes, Jean Léguisé, et surtout par la Pucelle. Toujours soutenu et encouragé par elle, le roi quitte Troyes et se dirige, à travers les plaines immenses et désertes de la Champagne, sur la ville de Reims, où il va recevoir l'onction royale.

« Ce fut pour ce prince une agréable surprise, raconte » D. François, de rencontrer sur la route l'Evêque avec » les autres seigneurs temporels et les principaux citoïens » de Châlons qui venaient lui présenter les clefs de leur » ville, et renouveler entre ses mains les serments » d'une fidélité plutôt obscurcie qu'éteinte dans leurs » cœurs.

» Ce fut au village de Lestrées (1), à trois lieües en delà » de Vitry, que les Châlonnais joignirent le monarque, le » 13 juillet 1429. On le voit par des lettres de cette date, » et données en ce lieu, dans lesquelles Charles VII déclare » qu'il reçoit les habitants de Châlons en la pleine obéïs-

(1) Lettrée, canton de Sompuis (Marne).

» sance qu'ils lui ont rendue, et abolit ce qui s'est passé » pour cause des dissentions précédentes (1).

» De Lestrées, le roi se rendit à Châlons, où les citoïens » le reçurent avec des transports d'une joie si grande, » qu'on peut dire que les moments qu'il y passa furent du » nombre des premiers beaux jours de son règne... Non » contents de cela, les Châlonnais écrivirent aux Rémois, » le 14 du même mois (juillet), la réception qu'ils avaient » faite à Charles, comme à leur souverain. Ils conseillent » aux habitants de Reims *que le plus tost sans dilayer, et* » *pour leur mieulx, ils aillent au-devant de luy pour luy* » *faire obéïssance, et qu'ils en recepront grande joie et* » *honneur* (2). »

Rogier, bourgeois de Reims, qui écrivait en 1619, et qui, au dire de M. Varin, connaissait très-bien les archives de sa cité, a relevé cet autre trait de la lettre des Châlonnais : « Par la dite lettre, dit Rogier, ils louaient fort la » personne du roy, estant doulx, gracieux, piteux, miseri- » cors, belle personne, de bel maintient et hault entende- » ment (3). »

» Le roi quitta Châlons le 15, défrayé avec toute sa » suite par nos citoïens », dit D. François. D. le Long ajoute qu' « étant à Châlons, il eut la dévotion de visiter

(1) Cette lettre, dite d'*Abolition*, ou de pardon, a été publiée par M. E. de Barthélemy, dans l'appendice à son *Histoire de Châlons* (1854).

M. Pierre Varin, dans ses *Archives législatives de la ville de Reims* (Statuts, 1er volume, pages 596-608), a donné aussi l'« Aboli- » tion générale faicte de par le roy Charles, nostre souverain sei- » gneur, aux habitans de ceste ville de Rains, et du pays d'en- » viron. »

(2) D. François, *Histoire* (manuscrite) *du diocèse de Châlons*, p. 388.

(3) Varin, *Archives législatives de Reims* (Statuts, 1er vol. page 602, note). — *Archives administratives de Reims* (t. I, 1re partie, p. 358, note).

» la belle église de Notre-Dame de l'Epine (à deux lieues » de la ville), et de donner une grosse somme pour en » construire le second clocher (1). »

D. le Long signale ici la belle flèche du midi qui est toujours debout, portant dans les airs, avec la couronne fleurdelisée, le souvenir de la libéralité de Charles VII. Dix ans à peine s'étaient écoulés depuis la merveille de l'invention de la statue de la Vierge (1419), que rappelle ce gracieux monument.

Jeanne, vraisemblablement, avait suivi le roi à N.-D. de l'Epine, comme elle l'accompagna quelques jours plus tard, après le sacre, au pèlerinage de Corbény.

« Le roi mit à Châlons de sa part, continue D. François, » pour soi, en qualité de souverain, un capitaine ou com- » mandant roïal... Au regard des autres officiers, ils y » étaient mis par l'Evêque, qui est pair de France, comte » et seigneur temporel et spirituel de cette ville (2). »

Précédé de la Pucelle, Charles prit la route de Reims. L'archevêque, Regnault de Chartres, le reçut au gîte à Sept-Saulx, à quatre lieues de la cité, et lui offrit l'hospitalité dans son château. Le lendemain, 16 juillet, le roi adressa aux habitants de Reims et des pays voisins une lettre de pardon semblable à celle qu'il avait adressée de Lettrée à ceux de Châlons, quelques jours auparavant. Le 16, au soir, il était à Reims.

On sait les détails du Sacre. L'auteur de notre note iné-

(1) *Histoire ecclésiastique et civile du diocèse de Laon*, par D. Nicolas le Long, bénédictin de la Congrégation de Saint-Vanne, in-4°, Châlons, 1783, p. 369.

M. Garnier, curé de Férebrianges, dit que Charles VII fit à pied le pèlerinage de N.D. de l'Epine. (*Recueil des principaux faits, etc.*, p. 127).

(2) *Histoire du diocèse de Châlons*, loco citato.

dite indique les prélats qui y assistèrent ; il les nomme tels qu'on les lui avait signalés.

C'étaient d'abord le consécrateur Regnault de Chartres, et Jean de Sarrebruck, évêque de Châlons, tous les deux pairs de France. Les autres pairs ecclésiastiques, les évêques de Langres, de Noyon et celui de Beauvais, le trop célèbre Pierre Cauchon, étaient absents pour cause : ils servaient le roi d'Angleterre ou le duc de Bourgogne, ce qui alors revenait bien au même : *A partibus burgundicis stantes aberant*, dit le *Gallia* (1).

Notre auteur assigne à chaque évêque la place qu'il doit tenir. L'archevêque de Reims et l'évêque de Châlons sacrent le roi comme pairs : *Per dominum Reginaldum de Carnoto et dominum Johannem de Sarraponte consecratus ;* les autres évêques étaient seulement assistants : *Assistentibus domino Johanne de Tournebu, episcopo Sagiensi, et quodam domino Scoto, episcopo Aurelianensi*. Ils remplaçaient les transfuges, remarque le *Gallia* à l'occasion de l'évêque de Séez (2).

Les évêques de Châlons, de Séez et d'Orléans avaient suivi le roi jusqu'à Reims. Regnault de Chartres, qui l'accompagnait depuis Troyes, allait pour la première fois pénétrer dans sa ville archiépiscopale (3). Ces quatre prélats figurent parmi les signataires de la lettre d'abolition adressée de Sept-Saulx aux Rémois, le 16 juillet, veille du Sacre.

M. Vallet de Viriville, d'accord avec nos historiens

(1) *Gallia Christiana*, t. XI, p. 698 : *Episcopi Sagienses*.

(2) *Gallia*, loco citato.

(3) *Histoire de Charles VII*, t. II, page 95.
Le *Gallia* signale aussi cette même circonstance : Anno 1429, Reginaldus exceptus est *primùm* in ecclesiâ suâ metropolitanâ. Il était archevêque de Reims depuis 1414. (*Gallia*, t. IX, p. 136).

champenois : D. Marlot, D. le Long, etc., et avec M. Wallon, nomme encore, parmi les évêques témoins du Sacre, Guillaume de Champeaux, évêque, duc de Laon, lequel y participait comme pair ecclésiastique ; il parle même d'un prélat autre que les évêques susnommés, qui n'était pas pair (1). Serait-ce l'évêque de Troyes, Jean Léguisé, qui avait montré un si courageux et intelligent patriotisme pour préparer la reddition de Troyes, et que le roi récompensa en l'anoblissant ? A cet égard, nous n'avons que des probabilités.

Notre auteur a mal donné le nom de l'évêque de Séez. Il ne s'appelait pas Jean de Tournebu, mais Robert de Rouvres (2). Quant à l'évêque d'Orléans qu'il désigne par ce terme vague, ignorant le nom du prélat : *Quodam domino Scoto*, « un certain Monseigneur écossais », il est absolument dans le vrai : Jean de Saint-Michel était bien écossais d'origine (3). Vraisemblablement, on avait ainsi désigné ce prélat à notre auteur au passage du cortège du roi à Châlons, auquel il avait dû assister avec les chanoines ses confrères.

La fausse désignation de l'évêque de Séez révèle encore, pour nous, un témoin : l'auteur de la Note avait entendu ainsi appeler le prélat ; il n'a pu rectifier l'erreur, puisque son récit se termine à la reddition de Beauvais qui eut lieu au mois d'août de cette année 1429, et qui fut probablement le dernier événement remarquable dont il ait eu connaissance.

(1) *Histoire de Charles VII*, t. II, p. 98.

(2) *Gallia*, t. XI, *Episc. Sagienses*. — M. Wallon appelle aussi de ce nom l'évêque de Séez qui assistait au Sacre.

(3) *Gallia*, t. VIII, p. 1477 : *Episcopi Aurelianenses*. — M. Wallon est également d'accord avec le *Gallia* pour la nationalité de cet évêque.

www.ingramcontent.com/pod-product-compliance
Ingram Content Group UK Ltd.
Pitfield, Milton Keynes, MK11 3LW, UK
UKHW020411250726
13967UKWH00006B/2580

9 782013 034746